Precationes christianae Latin Prayers

Precationes christianae
Copyright © JiaHu Books 2015
First Published in Great Britain in 2015 by Jiahu Books – part of
Richardson-Prachai Solutions Ltd, 34 Egerton Gate, Milton
Keynes, MK5 7HH
ISBN: 978-1-78435-132-8
A CIP catalogue record for this book is available from the British
Library
Visit us at: jiahubooks.co.uk

ACTUS CARITATIS

Domine Deus, amo te super omnia et proximum meum propter te, quia tu es summum, infinitum, et perfectissimum bonum, omni dilectione dignum.

In hac caritate vivere et mori statuo.

Amen.

ACTUS CONTRITIONIS

Deus meus, ex toto corde pænitet me omnium meorum peccatorum, eaque detestor, quia peccando, non solum pœnas a te iuste statutas promeritus sum, sed præsertim quia offendi te, summum bonum, ac dignum qui super omnia diligaris.

Ideo firmiter propono, adiuvante gratia tua, de cetero me non peccaturum peccandique occasiones proximas fugiturum. Amen.

ACTUS FIDEI

Domine Deus, firma fide credo et confiteor omnia et singula quæ sancta Ecclesia Catholica proponit, quia tu, Deus, ea omnia revelasti, qui es æterna veritas et sapientia quæ nec fallere nec falli potest.
In hac fide vivere et mori statuo.
Amen.

ACTUS SPEI

Domine Deus, spero per gratiam tuam remissionem omnium peccatorum, et post hanc vitam æternam felicitatem me esse consecuturum: quia tu promisisti, qui es infinite potens, fidelis, benignus, et misericors.
In hac spe vivere et mori statuo.
Amen.

ADORO TE DEVOTE

Adoro te devote, latens Deitas,
Quae sub his figuris vere latitas:
Tibi se cor meum totum subiicit,
Quia te contemplans totum deficit.

Visus, tactus, gustus in te fallitur,
Sed auditu solo tuto creditur.
Credo quidquid dixit Dei Filius:
Nil hoc verbo Veritatis verius.

In cruce latebat sola Deitas,
At hic latet simul et humanitas;
Ambo tamen credens atque confitens,
Peto quod petivit latro paenitens.

Plagas, sicut Thomas, non intueor;
Deum tamen meum te confiteor.
Fac me tibi semper magis credere,
In te spem habere, te diligere.

O memoriale mortis Domini!
Panis vivus, vitam praestans homini!
Praesta meae menti de te vivere
Et te illi semper dulce sapere.

Pie pellicane, Iesu Domine,
Me immundum munda tuo sanguine.
Cuius una stilla salvum facere
Totum mundum quit ab omni scelere.

Iesu, quem velatum nunc aspicio,
Oro fiat illud quod tam sitio;
Ut te revelata cernens facie,
Visu sim beatus tuae gloriae.

Amen

AGNUS DEI

Agnus Dei, qui tollis peccata mundi:
miserere nobis.
Agnus Dei, qui tollis peccata mundi:
miserere nobis.
Agnus Dei, qui tollis peccata mundi:
dona nobis pacem.

ANGELE DEI

Angele Dei,
qui custos es mei,
me, tibi commissum pietate superna,
illumina, custodi,
rege et guberna.
Amen.

ANGELUS DOMINI

Angelus Domini
nuntiavit Mariæ.
Et concepit
de Spiritu Sancto.
Ave, Maria...
Ecce ancilla Domini.
Fiat mihi secundum
verbum tuum.
Ave, Maria...
Et Verbum caro factum est.
Et habitavit in nobis.
Ave, Maria...
Ora pro nobis, sancta Dei genetrix.
Ut digni efficiamur
promissionibus Christi.

Oremus.
Gratiam tuam, quæsumus,
Domine, mentibus nostris infunde;
ut qui, Angelo nuntiante,
Christi Filii tui incarnationem
cognovimus,
per passionem eius et crucem,
ad resurrectionis gloriam perducamur.
Per eundem Christum
Dominum nostrum. Amen.
Gloria Patri...

ANIMA CHRISTI

Anima Christi, sanctifica me.
Corpus Christi, salva me.
Sanguis Christi, inebria me.
Aqua lateris Christi, lava me.
Passio Christi, conforta me.
O bone Iesu, exaudi me.
Intra tua vulnera absconde me.
Ne permittas me separari a te.
Ab hoste maligno defende me.
In hora mortis meæ voca me.
Et iube me venire ad te,
ut cum Sanctis tuis laudem te
in sæcula sæculorum.
Amen.

AUFER A NOBIS

Aufer a nobis, quaesumus, Domine, iniquitates nostras: ut ad Sancta sanctorum puris mereamur mentibus introire. Per Christum Dominum nostrum. Amen.

AVE MARIA

Ave, Maria, gratia plena,
Dominus tecum.
Benedicta tu in mulieribus,
et benedictus fructus ventris tui,
Iesus.
Sancta Maria, Mater Dei,
ora pro nobis peccatoribus,
nunc et in hora mortis nostræ.
Amen.

AVE VERUM CORPUS

Ave Verum Corpus Natum de Maria Virgine
Vere passum imolatum In cruce pro homine

Cujus latus perforatum Fluxit aqua et sanguine
Esto nobis prægustatum mortis in examine
O Iesu dulcis! O Iesu pie! O Iesu fili Mariæ

BENEDICTUS

Benedictus Dominus, Deus Israel,
quia visitavit
et fecit redemptionem plebi suæ,
et erexit cornu salutis nobis
in domo David pueri sui,
sicut locutus est per os sanctorum,
qui a sæculo sunt, prophetarum eius,
salutem ex inimicis nostris
et de manu omnium,
qui oderunt nos;
ad faciendam misericordiam
cum patribus nostris
et memorari testamenti sui sancti,
iusiurandum, quod iuravit
ad Abraham patrem nostrum,
daturum se nobis,
ut sine timore,
de manu inimicorum liberati,
serviamus illi
in sanctitate et iustitia coram ipso
omnibus diebus nostris.
Et tu, puer,
propheta Altissimi vocaberis:
præibis enim ante faciem Domini
parare vias eius,
ad dandam scientiam salutis
plebi eius
in remissionem peccatorum eorum,
per viscera misericordiæ Dei nostri,
in quibus visitabit nos oriens ex alto,
illuminare his, qui in tenebris
et in umbra mortis sedent,
ad dirigendos pedes nostros

in viam pacis.
Gloria Patri...

CANON MISAE

Te igitur, clementissime Pater, per Iesum Christum, Filium
tuum, Dominum nostrum, supplices rogamus, ac petimus, uti
accepta habeas et benedicas hæc dona, hæc munera, hæc sancta
sacrificia illibata: in primis, quæ tibi offerimus pro Ecclesia tua
sancta catholica: quam pacificare, custodire, adunare et regere
digneris toto orbe terrarum: una cum famulo tuo Papa nostro N.
et Antistite nostro N. et omnibus orthodoxis, atque catholicæ et
apostolicæ fidei cultoribus.

Memento, Domine, famulorum famularumque tuarum N. etN. et
omnium circumstantium, quorum tibi fides cognita est, et nota
devotio, pro quibus tibi offeriumus: vel qui tibi offerunt hoc
sacrificium laudis, pro se, suisque omnibus: pro redemptione
animarum suarum, pro spe salutis et incolumitatis suæ: tibique
reddunt vota sua æterno Deo, vivo et vero.

Communicantes et memoriam venerantes, in primis gloriosæ
semper Virginis Mariæ Genitricis Dei et Domini nostri Iesu
Christi: sed et beati Ioseph eiusdem Virginis Sponsi, et
beatorum Apostolorum ac Martyrum tuorum, Petri et Pauli,
Andreæ, Iacobi, Ioannis, Thomæ, Iacobi, Philippi, Bartholomæi,
Matthæi, Simonis et Thaddæi: Lini, Cleti, Clementis, Xysti,
Cornelii, Cypriani, Laurentii, Chrysogoni, Ioannis et Pauli,
Cosmæ et Damiani: et omnium Sanctorum tuorum; quorum
mcritis precibusque concedas, ut in omnibus protectionis tuæ
muniamur auxilio. Per eumdem Christum Dominum nostrum.
Amen.

Hanc igitur oblationem servitutis nostræ, sed et cunctæ familiæ
tuæ, quæsumus, Domine, ut placatus accipias: atque ab æterna
damnatione nos eripi, et in electorum tuorum iubeas grege

numerari. Per Christum Dominum nostrum. Amen.

Quam oblationem tu, Deus, in omnibus, quæsumus, benedictam, adscriptam, ratam, rationabilem, acceptabilemque facere digneris: ut nobis Corpus, et Sanguis fiat dilectissimi Filii tui Domini nostri Iesu Christi.

Qui pridie quam pateretur, accepit panem in sanctas ac venerabiles manus suas, et elevatis oculis in cælum ad te Deum Patrem suum omnipotentem, tibi gratias agens, benedixit, fregit, deditque discipulis suis, dicens: Accipite, et manducate ex hoc omnes.

Hoc est enim corpus meum.

Simili modo postquam cenatum est, accipiens et hunc præclarum calicem in sanctas ac venerabiles manus suas: item tibi gratias agens, benedixit, deditque discipulis suis, dicens: Accipite, et bibite ex eo omnes.

Hic est enim calix sanguinis mei, novi et æterni testamenti: mysterium fidei :qui pro vobis et pro multis effundetur in remissionem peccatorum.

Hæc quotiescumque feceritis, in mei memoriam facietis. Unde et memores, Domine, nos servi tui, sed et plebs tua sancta, eiusdem Christi Filii tui, Domini nostri, tam beatæ passionis, nec non et ab inferis resurrectionis, sed et in cælos gloriosæ ascensionis: offerimus præclaræ maiestati tuæ de tuis donis ac datis, hostiam puram, hostiam sanctam, hostiam immaculatam: Panem sanctum vitæ æternæ: et Calicem salutis perpetuæ. Supra quæ propitio ac sereno vultu respiscere digneris: et accepta habere, sicuti accepta habere dignatus es munera pueri tui iusti Abel, et sacrificium patriarca nostri Abrahæ: et quod tibi obtulit summus sacerdos tuus Melchisedech, sanctum sacrificium, immaculatam hostiam.

Supplices te rogamus, omnipotens Deus: iube hæc perferri per manus sancti Angeli tui in sublime altare tuum, in conspectu divinæ maiestatis tuæ: ut quotquot ex hac altaris participatione sacrosanctum Filii tui Corpus et Sanguinem sumpserimus, omni benedictione cælesti et gratia repleamur. Per eumdem Christum Dominum nostrum. Amen

Memento etiam, Domine, famulorum famularumque tuarum N. et N., qui nos præcesserunt cum signo fidei, et dormiunt in somno pacis.

Ipsis, Domine, et omnibus in Christo quiescentibus, locum refrigerii, lucis et pacis, ut indulgeas, deprecamur. Per eumdem Christum Dominum nostrum. Amen

Nobis quoque peccatoribus extensis manibus ut prius, secrete prosequitur: famulis tuis, de multitudine miserationum tuarum sperantibus, partem aliquam et societatem donare digneris, cum tuis sanctis Apostolis et Martyribus: cum Ioanne, Stephano, Matthia, Barnaba, Ignatio, Alexandro, Marcellino, Petro, Felicitate, Perpetua, Agatha, Lucia, Agnete, Cæcilia, Anastasia, et omnibus Sanctis tuis: intra quorum nos consortium, non æstimator meriti, sed veniæ, quæsumus, largitor admitte. Per Christum Dominum nostrum.

Per quem hæc omnia, Domine, semper bona creas, sanctificas, vivificas, benedicis et præstas nobis.

Per isum, et cum ipso, et in ipso, est tibi Deo Patri omnipotenti, in unitate Spiritus Sancti, omnis honor, et gloria.
Per omnia sæcula sæculorum.
Amen.

CHRISTUS, CHRISTUS NATUS EST

Christus, Christus natus est Nobis,
  Venite, venite adoremus.
  Venite, adoremus, venite, adoremus,
  Christus, Christus natus est Nobis,
  Venite, venite adoremus.

CORONA DIVINAE MISERICORDIAE

Ad singula grana in qua Pater noster dicitur:
Pater aeterne, offero tibi Corpus et Sanguinem, animam et
divinitatem dilectissimi Filii Tui,
Domini nostri, Iesu Christi, in propitiatione pro peccatis nostris
et totius mundi

Ad singula grana in qua Ave Maria dicitur:
Pro dolorosa Eius passione, miserere nobis et totius mundi.

In conclusione, ter dicitur:
Sanctus Deus, Sanctus Fortis, Sanctus Immortalis,
miserere nobis et totius mundi.

CORPUS CHRISTI

Verbum supernum prodiens,
Nec Patris linquens dexteram,
Ad opus suum exiens,
Venit advitae vesperam.

In mortem a discipulo
Suis tradendus aemulis,
Prius in vitae ferculo
Se tradidit discipulis.

Quibus sub bina specie
Carnem dedit et sanguinem:
Ut duplicis substantiae
Totum cibaret hominem.

Se nascens dedit socium,
Convescens in edulium,
Se moriens in pretium,
Se regnans dat in praemium.

O Salutaris Hostia,
Quae caeli pandis ostium:
Bella premunt hostilia,
Da robur, fer auxilium.

Uni trinoque Domino
Sit sempiterna gloria,
Qui vitam sine termino
Nobis donet in patria.

Amen.

DE PROFUNDIS

De profundis clamavi ad te, Domine:
Domine, exaudi vocem meam.
Fiant aures tuae intendentes
in vocem deprecationis meae.
Si iniquitates observaveris, Domine,
Domine, quis sustinebit?
Quia apud te propitiatio est,
et propter legem tuam sustinui te, Domine.
Sustinuit anima mea in verbo eius,
speravit anima mea in Domino.
A custodia matutina usque ad noctem
speret Israël in Domino.
Quia apud Dominum misericordia
et copiosa apud eum redemptio.
Et ipse redimet Israël
ex omnibus iniquitatibus eius.
Gloria Patri
Requiem aeternam

DEIGENITRIX

Deigenitrix illibata, Dei dicata Maria,
Apud tuum filium es electa, Maria,
Lucreris, veniam et miserere

Tui Domini Baptisam pareens Dei,
Audi vota, reple vota mentes hominum,
Audi preces, quas ferimus,
Refunde, redde hoc, quod quesumus:
Da in hoc esse celi esse.
Domine, miserere.

Consurge nos propter Deum
Hac sede homo faustulus,
Dum perduxit populum,
Abduxit baratro sinum.

Nos adiit statu eterno,
Vinclavit caput inferno,
Necem sumpsit recolens
Hominem primevum.

Adam, tu plasma Dei,
Tu es vir veri consilii,
Fac, ut tui pusilli
Sint in arce celi.

Immensa qui preces sutulit
Pro fidis sistere voluit,
Donec met El consurit.

Fuit El caritas, fuit pietas, visa est eterna
Angeli superna
Iaccio demonum claruit eterna.

Auro nec argeno nos dyabulo redemit,
Sua vi intervenit.
Homo, causa tui dedit
Manus, pedes figi,
Cruor fluxit, sanguis ad salutem tibi.

Ibi nos deducas, Iesu Criste pie,
Ibi devenire,
Queamus regnare tecum sine fine.

Maria, mater pia, ora tuum natum,
Ut nobis sanaret populum sceleratum.
Amen, amen.

EN EGO, O BONE ET DULCISSIME IESU

En ego,
o bone et dulcissime Iesu,
ante conspectum tuum genibus me provolvo,
ac maximo animi ardore te oro atque obtestor
ut meum in cor
vividos fidei, spei et caritatis sensus,
atque veram peccatorum meorum paenitentiam,
eaque emendandi firmissimam voluntatem,
velis imprimere;
dum magno animi affectu et dolore
tua quinque vulnera
mecum ipse considero
ac mente contemplor,
illud prae oculis habens
quod iam in ore ponebat tuo David propheta de te,
o bone Iesu:
"Foderunt manus meas et pedes meos,
dinumeraverunt omnia ossa mea".

GAUDE MATER POLONIA

Gaude, mater Polonia,
prole fœcunda nobili.
Summi Regis magnalia
laude frequenta vigili.

Cuius benigna gratia
Stanislai Pontificis
passionis insignia
signis fulgent mirificis.

Hic certans pro iustitia,
Regis non cedit furiæ;
Stat pro plebis iniuria
Christi miles in acie.

Tyranni truculentiam,
Qui dum constanter arguit,
Martyrii victoriam
Membratim cæsus meruit.

Novum pandit miraculum
Splendor in sancto ceritus,
Redintegrat corpusculum
Sparsum cælestis medicus.

Sic Stanislaus pontifex
Transit ad cæli curiam,
Ut apud Deum opifex
Nobis imploret veniam.

Poscentes eius merita,
Salutis dona referunt:
Morte præventi subita

Ad vitæ potum redeunt.

Cuius ad tactum anuli
Morbi fugantur turgidi;
Ad locum sancti tumuli
Multi curantur languidi.

Surdis auditus redditur,
Claudis gressus officum,
Mutorum lingua solvitur
Et fugatur dæmonium.

Ergo, felix Cracovia,
Sacro dotata corpore
Deum, qui fecit omnia,
Benedic omni tempore.

Sit Trinitati gloria,
Laus, honor, iubilatio:
De Martyris victoria
Sit nobis exsultatio.

Amen

GLORIA IN EXCELSIS DEO

Gloria in excelsis Deo
et in terra pax hominibus bonæ voluntatis.
Laudamus te, benedicimus te, adoramus te, glorificamus te,
gratias agimus tibi propter magnam gloriam tuam,
Domine Deus, Rex cælestis, Deus Pater omnipotens.
Domine Fili unigenite, Iesu Christe,
Domine Deus, Agnus Dei, Filius Patris,
qui tollis peccata mundi, miserere nobis ;
qui tollis peccata mundi, suscipe deprecationem nostram.
Qui sedes ad dexteram Patris, miserere nobis.
Quoniam tu solus Sanctus, tu solus Dominus,
tu solus Altissimus, Iesu Christe,
cum Sancto Spiritu : in gloria Dei Patris.

Amen.

GLORIA PATRI

Gloria Patri
et Filio
et Spiritui Sancto.
Sicut erat in principio,
et nunc et semper
et in sæcula sæculorum. Amen.

HYMNUS DE SANCTO THOMA

Laureata novo Thoma,
Sicut suo Petro Roma,
Gaude Cantuaria,

Imo tota sit devota,
Pia laudum solvens vota,
Militans Ecclesia.

Thomas iste, dum tuetur,
Legern Dei, promeretur,
Iram regis Angliæ.

Ergo pulsus urbe cedit,
Et transcurso mari credit
Sese regi Franciæ,

Qui gratanter et condigne,
Tam devote,tam benigne,
Sicut patrem visitat.

Ibi velut novus tyro,
Thomas in fervore miro
Regi regum militat.

Tandem pace reformata,
Pace dolis palliata,
Regressus ad propria,

Jura servans Deo servit,
Inde saevit et protervit
Hostis arte varia.

Nunc ut vulpes fraudulenta,

Nunc ut tigris violenta,
Tentat omnes aditus.

Nunc minatur, nunc blanditur,
Ille nihil emollitur,
Idem manens penitus.

Rex compertus non moveri
Virum assertorem veri,
Nec frangi propositum,

Oves armat in pastorem,
Cohortatus ad cruorem
Cohortem satellitum,

ergo neque parricidæ
Tam infande quam infide
Libertatis ut patronum
Tollant et usurpent thronum,
Ruunt in ecclesiam:

Prœsul orans in secreto
Palam prodit hoste spreto,
Nec turbatur quies mentis
Turbæ metu sævientis,
Sed procedit obviam.

Sancti caput sacerdotis
Exoptatum mille votis
Sanctæ matris gremio

Ferrum bibit, cruor manat,
Et ibidem cæcum sanat
In tumultu medio.

Quid loquamur quæ sequuntur?
Per se satis eloquuntur
Ubique miracula.

Dæmon cedit, mors obedit,
Desperatis salus redit,
Lepræ fugit macula

Angulose rex Anglorum,
Regem nescis angelorum
Universa singulorum
Ponderantem merita

Quisque metet id quod serit,
Impunitum nihil erit,
Nec capillus ullus perit,
Nedum ipsa capita,

Cleri gemma, clare Thoma,
Motus nostræ carnis doma
Precum efficacia,

Ut in Christo vera vite
Radicati, veræ vitæ
Capiamus præmia. Amen.

IESU, MARIA, IOSEPH

Iesu, Maria, Ioseph,
vobis cor et animam meam dono.
Iesu, Maria, Ioseph,
adstate mihi in extremo agone.
Iesu, Maria, Ioseph,
vobiscum in pace dormiam et requiescam.
Amen.

LITANIAE LAURETANAE BEATAE MARIAE VIRGINIS

Kyrie, eleison.
Kyrie, eleison.
Christe, eleison.
Christe, eleison.
Kyrie, eleison.
Kyrie, eleison.

Christe, audi nos.
Christe, audi nos.
Christe, exaudi nos.
Christe, exaudi nos.

Pater de caelis, Deus,
miserere nobis.
Fili, redemptor mundi, Deus,
miserere nobis.
Spiritus Sancte, Deus,
miserere nobis.
Sancta Trinitas, unus Deus,
miserere nobis.

Sancta Maria,
ora pro nobis.
Sancta Dei genetrix,
ora pro nobis.
Sancta Virgo virginum,
ora pro nobis.

Mater Christi,
ora pro nobis.
Mater Ecclesiae,
ora pro nobis.
Mater divinae gratiae,

ora pro nobis.
Mater purissima,
ora pro nobis.
Mater castissima,
ora pro nobis.
Mater inviolata,
ora pro nobis.
Mater intemerata,
ora pro nobis.
Mater amabilis,
ora pro nobis.
Mater admirabilis,
ora pro nobis.
Mater boni consilii,
ora pro nobis.
Mater Creatoris,
ora pro nobis.
Mater Salvatoris,
ora pro nobis.
Mater misericordiae,
ora pro nobis.

Virgo prudentissima,
ora pro nobis.
Virgo veneranda,
ora pro nobis.
Virgo praedicanda,
ora pro nobis.
Virgo potens,
ora pro nobis.
Virgo clemens,
ora pro nobis.
Virgo fidelis,
ora pro nobis.

Speculum iustitiae,
ora pro nobis.
Sedes sapientiae,

ora pro nobis.
Causa nostrae laetitiae,
ora pro nobis.
Vas spirituale,
ora pro nobis.
Vas honorabile,
ora pro nobis.
Vas insigne devotionis,
ora pro nobis.
Rosa mystica,
ora pro nobis.
Turris Davidica,
ora pro nobis.
Turris eburnea,
ora pro nobis.
Domus aurea,
ora pro nobis.
Foederis arca,
ora pro nobis.
Ianua caeli,
ora pro nobis.
Stella matutina,
ora pro nobis.

Salus infirmorum,
ora pro nobis.
Refugium peccatorum,
ora pro nobis.
Consolatrix afflictorum,
ora pro nobis.
Auxilium christianorum,
ora pro nobis.

Regina angelorum,
ora pro nobis.
Regina patriarcharum,
ora pro nobis.
Regina prophetarum,

ora pro nobis.
Regina apostolorum,
ora pro nobis.
Regina martyrum,
ora pro nobis.
Regina confessorum,
ora pro nobis.
Regina virginum,
ora pro nobis.
Regina sanctorum omnium,
ora pro nobis.

Regina sine labe originali concepta,
ora pro nobis.
Regina in caelum assumpta,
ora pro nobis.
Regina sacratissimi rosarii,
ora pro nobis.
Regina pacis,
ora pro nobis.

Agnus Dei, qui tollis peccata mundi,
parce nobis, Domine.
Agnus Dei, qui tollis peccata mundi,
exaudi nos, Domine.
Agnus Dei, qui tollis peccata mundi,
miserere nobis.
Ora pro nobis, sancta Dei genetrix,
ut digni efficiamur promissionibus Christi.

Oremus.
Concede nos famulos tuos, quaesumus, Domine Deus,
perpetua mentis et corporis sanitate gaudere,
et, gloriosa beatae Mariae semper virginis intercessione,
a praesenti liberari tristitia
et aeterna perfrui laetitia.
Per Christum Dominum nostrum.
Amen.

LITANIAE SACRATISSIMI CORDIS DOMINI NOSTRI IESU CHRISTI

Kyrie, eleison.
Kyrie, eleison.
Christe, eleison.
Christe, eleison.
Kyrie, eleison.
Kyrie, eleison.

Christe, audi nos.
Christe, audi nos.
Christe, exaudi nos.
Christe, exaudi nos.

Pater de caelis, Deus,
miserere nobis.
Fili, redemptor mundi, Deus,
miserere nobis.
Spiritus Sancte, Deus,
miserere nobis.
Sancta Trinitas, unus Deus,
miserere nobis.

Cor Iesu, filii Patris aeterni,
miserere nobis.
Cor Iesu, in sinu Virginis matris a Spiritu Sancto formatum,
miserere nobis.
Cor Iesu, Verbo Dei substantialiter unitum,
miserere nobis.
Cor Iesu, maiestatis infinitae,
miserere nobis.
Cor Iesu, templum Dei sanctum,
miserere nobis.
Cor Iesu, tabernaculum Altissimi,

miserere nobis.
Cor Iesu, domus Dei et porta caeli,
miserere nobis.
Cor Iesu, fornax ardens caritatis,
miserere nobis.
Cor Iesu, iustitiae et amoris receptaculum,
miserere nobis.
Cor Iesu, bonitate et amore plenum,
miserere nobis.
Cor Iesu, virtutum omnium abyssus,
miserere nobis.
Cor Iesu, omni laude dignissimum,
miserere nobis.
Cor Iesu, rex et centrum omnium cordium,
miserere nobis.
Cor Iesu, in quo sunt omnes thesauri sapientiae et scientiae,
miserere nobis.
Cor Iesu, in quo habitat omnis plenitudo divinitatis,
miserere nobis.
Cor Iesu, in quo Pater sibi bene complacuit,
miserere nobis.
Cor Iesu, de cuius plenitudine omnes nos accepimus,
miserere nobis.
Cor Iesu, desiderium collium aeternorum,
miserere nobis.
Cor Iesu, patiens et multae misericordiae,
miserere nobis.
Cor Iesu, dives in omnes qui invocant te,
miserere nobis.
Cor Iesu, fons vitae et sanctitatis,
miserere nobis.
Cor Iesu, propitiatio pro peccatis nostris,
miserere nobis.
Cor Iesu, saturatum opprobriis,
miserere nobis.
Cor Iesu, attritum propter scelera nostra,
miserere nobis.
Cor Iesu, usque ad mortem oboediens factum,

miserere nobis.
Cor Iesu, lancea perforatum,
miserere nobis.
Cor Iesu, fons totius consolationis,
miserere nobis.
Cor Iesu, vita et resurrectio nostra,
miserere nobis.
Cor Iesu, pax et reconciliatio nostra,
miserere nobis.
Cor Iesu, victima peccatorum,
miserere nobis.
Cor Iesu, salus in te sperantium,
miserere nobis.
Cor Iesu, spes in te morientium,
miserere nobis.
Cor Iesu, deliciae sanctorum omnium,
miserere nobis.

Agnus Dei, qui tollis peccata mundi,
parce nobis, Domine.
Agnus Dei, qui tollis peccata mundi,
exaudi nos, Domine.
Agnus Dei, qui tollis peccata mundi,
miserere nobis.

Iesu, mitis et humilis corde,
fac cor nostrum secundum cor tuum.

Oremus.
Omnipotens sempiterne Deus, respice in cor dilectissimi Filii
tui, et in laudes et satisfactiones quas in nomine peccatorum
tibi persolvit, iisque misericordiam tuam petentibus tu veniam
concede placatus, in nomine eiusdem Filii tui Iesu Christi.
Qui tecum vivit et regnat in saecula saeculorum.
Amen.

LITANIAE SANCTI IOSEPHI

Kyrie, eleison.
Kyrie, eleison.
Christe, eleison.
Christe, eleison.
Kyrie, eleison.
Kyrie, eleison.

Christe, audi nos.
Christe, audi nos.
Christe, exaudi nos.
Christe, exaudi nos.

Pater de caelis, Deus,
miserere nobis.
Fili, redemptor mundi, Deus,
miserere nobis.
Spiritus Sancte, Deus,
miserere nobis.
Sancta Trinitas, unus Deus,
miserere nobis.

Sancta Maria,
ora pro nobis.

Sancte Ioseph,
ora pro nobis.
Proles David inclyta,
ora pro nobis.
Lumen patriarcharum,
ora pro nobis.
Dei Genetricis sponse,
ora pro nobis.
Custos pudice Virginis,

ora pro nobis.
Filii Dei nutritie,
ora pro nobis.
Christi defensor sedule,
ora pro nobis.
Almae familiae praeses,
ora pro nobis.
Ioseph iustissime,
ora pro nobis.
Ioseph castissime,
ora pro nobis.
Ioseph prudentissime,
ora pro nobis.
Ioseph fortissime,
ora pro nobis.
Ioseph oboedientissime,
ora pro nobis.
Ioseph fidelissime,
ora pro nobis.
Speculum patientiae,
ora pro nobis.
Amator paupertatis,
ora pro nobis.
Exemplar opificum,
ora pro nobis.
Domesticae vitae decus,
ora pro nobis.
Custos virginum,
ora pro nobis.
Familiarum columen,
ora pro nobis.
Solatium miserorum,
ora pro nobis.
Spes aegrotantium,
ora pro nobis.
Patrone morientium,
ora pro nobis.
Terror daemonum,

ora pro nobis.
Protector sanctae Ecclesiae,
ora pro nobis.

Agnus Dei, qui tollis peccata mundi,
parce nobis, Domine.
Agnus Dei, qui tollis peccata mundi,
exaudi nos, Domine.
Agnus Dei, qui tollis peccata mundi,
miserere nobis.

Constituit eum dominum domus suae
et principem omnis possessionis suae.

Oremus.
Deus, qui ineffabili providentia beatum Ioseph sanctissimae
genetricis tuae sponsum eligere dignatus es, praesta,
quaesumus, ut, quem protectorem veneramur in terris,
intercessorem habere mereamur in caelis.
Qui vivis et regnas in saecula saeculorum.
Amen.

LITANIAE SANCTISSIMI NOMINIS DOMINI NOSTRI IESU CHRISTI

Kyrie, eleison.
Kyrie, eleison.
Christe, eleison.
Christe, eleison.
Kyrie, eleison.
Kyrie, eleison.

Iesu, audi nos.
Iesu, audi nos.
Iesu, exaudi nos.
Iesu, exaudi nos.

Pater de caelis, Deus,
miserere nobis.
Fili, redemptor mundi, Deus,
miserere nobis.
Spiritus Sancte, Deus,
miserere nobis.
Sancta Trinitas, unus Deus,
miserere nobis.

Iesu, fili Dei vivi,
miserere nobis.
Iesu, splendor Patris,
miserere nobis.
Iesu, candor lucis aeternae,
miserere nobis.
Iesu, rex gloriae,
miserere nobis.
Iesu, sol iustitiae,
miserere nobis.
Iesu, fili Mariae Virginis,

miserere nobis.
Iesu amabilis,
miserere nobis.
Iesu admirabilis,
miserere nobis.
Iesu, Deus fortis,
miserere nobis.
Iesu, pater futuri saeculi,
miserere nobis.
Iesu, magni consilii angele,
miserere nobis.
Iesu potentissime,
miserere nobis.
Iesu patientissime,
miserere nobis.
Iesu oboedientissime,
miserere nobis.
Iesu, mitis et humilis corde,
miserere nobis.
Iesu, amator castitatis,
miserere nobis.
Iesu, amator noster,
miserere nobis.
Iesu, Deus pacis,
miserere nobis.
Iesu, auctor vitae,
miserere nobis.
Iesu, exemplar virtutum,
miserere nobis.
Iesu, zelator animarum,
miserere nobis.
Iesu, Deus noster,
miserere nobis.
Iesu, refugium nostrum,
miserere nobis.
Iesu, pater pauperum,
miserere nobis.
Iesu, thesaure fidelium,

miserere nobis.
Iesu, bone pastor,
miserere nobis.
Iesu, lux vera,
miserere nobis.
Iesu, sapientia aeterna,
miserere nobis.
Iesu, bonitas infinita,
miserere nobis.
Iesu, via et vita nostra,
miserere nobis.
Iesu, gaudium angelorum,
miserere nobis.
Iesu, rex patriarcharum,
miserere nobis.
Iesu, magister apostolorum,
miserere nobis.
Iesu, doctor evangelistarum,
miserere nobis.
Iesu, fortitudo martyrum,
miserere nobis.
Iesu, lumen confessorum,
miserere nobis.
Iesu, puritas virginum,
miserere nobis.
Iesu, corona sanctorum omnium,
miserere nobis.

Propitius esto,
parce nobis, Iesu.
Propitius esto,
exaudi nos, Iesu.

Ab omni malo
libera nos, Iesu.
Ab omni peccato
libera nos, Iesu.
Ab ira tua

libera nos, Iesu.
Ab insidiis diaboli
libera nos, Iesu.
A spiritu fornicationis
libera nos, Iesu.
A morte perpetua
libera nos, Iesu.
A neglectu inspirationum tuarum
libera nos, Iesu.

Per mysterium sanctae incarnationis tuae
libera nos, Iesu.
Per nativitatem tuam
libera nos, Iesu.
Per infantiam tuam
libera nos, Iesu.
Per divinissimam vitam tuam
libera nos, Iesu.
Per labores tuos
libera nos, Iesu.
Per agoniam et passionem tuam
libera nos, Iesu.
Per crucem et derelictionem tuam
libera nos, Iesu.
Per languores tuos
libera nos, Iesu.
Per mortem et sepulturam tuam
libera nos, Iesu.
Per resurrectionem tuam
libera nos, Iesu.
Per ascensionem tuam
libera nos, Iesu.
Per sanctissimae eucharistiae institutionem tuam
libera nos, Iesu.
Per gaudia tua
libera nos, Iesu.
Per gloriam tuam
libera nos, Iesu.

Agnus Dei, qui tollis peccata mundi,
parce nobis, Iesu.
Agnus Dei, qui tollis peccata mundi,
exaudi nos, Iesu.
Agnus Dei, qui tollis peccata mundi,
miserere nobis, Iesu.

Iesu, audi nos.
Iesu, audi nos.
Iesu, exaudi nos.
Iesu, exaudi nos.

Oremus.
Domine Iesu Christe, qui dixisti: "Petite, et accipietis; quaerite,
et invenietis; pulsate, et aperietur vobis", quaesumus, da nobis
petentibus divinissimi tui amoris affectum, ut te toto corde, ore
et opere diligamus, et a tua nunquam laude cessemus.
Sancti nominis tui, Domine, timorem pariter et amorem fac nos
habere perpetuum: quia nunquam tua gubernatione destituis
quos in soliditate tuae dilectionis instituis.
Qui vivis et regnas in saecula saeculorum.
Amen.

LITANIAE SANCTORUM

SUPPLICATIO AD DEUM

Kyrie, eleison.
R. Kyrie, eleison. Kyrie, eleison.
R. Kyrie, eleison.
Christe, eleison.
R. Christe, eleison. Christe, eleison.
R. Christe, eleison.
Kyrie, eleison.
R. Kyrie, eleison. Kyrie, eleison.
R. Kyrie, eleison.
Christe, audi nos.
R. Christe, audi nos.
Christe, exaudi nos.
R. Christe, exaudi nos.
Pater de caelis Deus,
R. miserere nobis.
Fili Redemptor mundi Deus,
R. miserere nobis.
Spiritus Sancte Deus,
R. miserere nobis.
Sancta Trinitas, unus Deus,
R. miserere nobis.

INVOCATIO SANCTORUM

Sancta Maria,
R. ora pro nobis.
Sancta Dei Genetrix,
R. ora pro nobis
Sancta Virgo virginum,
R. ora pro nobis.
Sancte Michael,

R. ora pro nobis.
Sancte Gabriel,
R. ora pro nobis.
Sancte Raphael,
R. ora pro nobis.
Omnes sancti Angeli et Archangeli,
R. orate pro nobis.
Omnes sancti beatorum Spirituum ordines,
R. orate pro nobis.

PATRIARCHAE ET PROPHETAE

Sancte Abraham,
R. ora pro nobis.
Sancte Moyses,
R. ora pro nobis.
Sancte Elia,
R. ora pro nobis.
Sancte Ioannes Baptista,
R. ora pro nobis.
Sancte Ioseph,
R. ora pro nobis.
Omnes sancti Patriarchae et Prophetae,
R. orate pro nobis.

APOSTOLI ET DISCIPULI

Sancte Petre,
R. ora pro nobis.
Sancte Paule,
R. ora pro nobis.
Sancte Andrea,
R. ora pro nobis.
Sancte Iacobe (maior),
R. ora pro nobis.
Sancte Ioannes,
R. ora pro nobis.
Sancte Thoma,

R. ora pro nobis.
Sancte Iacobe (minor),
R. ora pro nobis.
Sancte Philippe,
R. ora pro nobis.
Sancte Bartolomaee,
R. ora pro nobis.
Sancte Matthaee,
R. ora pro nobis.
Sancte Simon,
R. ora pro nobis.
Sancte Thaddaee,
R. ora pro nobis.
Sancte Matthia,
R. ora pro nobis.
Sancte Barnaba,
R. ora pro nobis.
Sancte Luca,
R. ora pro nobis.
Sancte Marce,
R. ora pro nobis.
Omnes sancti Apostoli et Evangelistae,
R. orate pro nobis.
Omnes sancti discipuli Domini,
R. orate pro nobis.

MARTYRES

Omnes sancti Innocentes,
R. orate pro nobis.
Sancte Stephane,
R. ora pro nobis.
Sancte Ignati (Antiochene),
R. ora pro nobis.
Sancte Polycarpe,
R. ora pro nobis.
Sancte Iustine,
R. ora pro nobis.

Sancte Laurenti,
R. ora pro nobis.
Sancte Vincenti,
R. ora pro nobis.
Sancti Fabiane et Sebastiane,
R. orate pro nobis.
Sancti Ioannes et Paule,
R. orate pro nobis
Sancti Cosma et Damiane,
R. orate pro nobis.
Sancti Gervasi et Protasi,
R. orate pro nobis.
Sancte Cypriane,
R. ora pro nobis.
Sancte Bonifati,
R. ora pro nobis.
Sancte Stanislae,
R. ora pro nobis.
Sancte Thoma (Becket),
R. ora pro nobis
Sancti Ioannes (Fisher) et Thoma (More),
R. orate pro nobis.
Sancte Paule (Miki),
R. ora pro nobis.
Sancti Ioannes (de Brebeuf) et Isaac (Jogues),
R. orate pro nobis
Sancte Petre (Chanel),
R. ora pro nobis.
Sancte Carole (Lwanga),
R. ora pro nobis.
Sanctae Perpetua et Felicitas,
R. orate pro nobis.
Sancta Maria (Goretti),
R. ora pro nobis.
Omnes sancti martyres,
R. orate pro nobis.

Sancte Sylvester,
R. ora pro nobis.
Sancte Leo,
R. ora pro nobis
Sancte Gregori,
R. ora pro nobis.
Sancte Ambrosi,
R. ora pro nobis.
Sancte Augustine,
R. ora pro nobis.
Sancte Hieronyme,
R. ora pro nobis.
Sancte Athanasi,
R. ora pro nobis.
Sancti Basili et Gregori (Nazianzene),
R. orate pro nobis
Sancte Ioannes Chrysostome,
R. ora pro nobis.
Sancte Martine,
R. ora pro nobis.
Sancte Nicolae,
R. ora pro nobis.
Sancte Patrici,
R. ora pro nobis.
Sancti Cyrille et Methodi,
R. orate pro nobis.
Sancte Carole (Borromeo),
R. ora pro nobis
Sancte Francisce (de Sales),
R. ora pro nobis.
Sancte Pie (Decime),
R. ora pro nobis.
Omnes sancti Pontifices et Confessores,
R. orate pro nobis.
Omnes sancti Doctores,
R. orate pro nobis.

Sancte Antoni,
R. ora pro nobis.
Sancte Benedicte,
R. ora pro nobis.
Sancte Bernarde,
R. ora pro nobis.
Sancte Dominice,
R. ora pro nobis.
Sancte Francisce,
R. ora pro nobis.
Sancte Thoma (de Aquino),
R. ora pro nobis.
Sancte Ignati (de Loyola),
R. ora pro nobis.
Sancte Francisce (Xavier),
R. ora pro nobis.
Sancte Vincenti (de Paul),
R. ora pro nobis.
Sancte Ioannes Maria (Vianney),
R. ora pro nobis.
Sancte Ioannes (Bosco),
R. ora pro nobis.
Omnes sancti Sacerdotes et Levitae,
R. orate pro nobis.
Omnes sancti Monachi et Eremitae,
R. orate pro nobis.

SANCTAE DEI

Sancta Anna,
R. ora pro nobis.
Sancta Maria Magdalena,
R. ora pro nobis.
Sancta Agatha,
R. ora pro nobis.
Sancta Lucia,

R. ora pro nobis.
Sancta Agnes,
R. ora pro nobis. .
Sancta Caecilia,
R. ora pro nobis.
Sancta Catharina,
R. ora pro nobis.
Sancta Anastasia,
R. ora pro nobis.
Sancta Catharina (Senensis),
R. ora pro nobis.
Sancta Teresia (de Avila),
R. ora pro nobis.
Sancta Rosa (de Lima),
R. ora pro nobis.
Omnes sanctae Virgines et Viduae
R. orate pro nobis.

LAICI

Sancte Lodovice,
R. ora pro nobis.
Sancta Monica,
R. ora pro nobis.
Sancta Elisabeth (Hungariae),
R. ora pro nobis.
Omnes Sancti et Sanctae Dei,
R. intercedite pro nobis.

INVOCATIO AD CHRISTUM

Propitius esto,
R. parce nos, Domine. .
Propitius esto,
R. exaudi nos, Domine.
Ab omni malo,
R. libera nos, Domine. .
Ab omni peccato,

R. libera nos, Domine.
Ab ira tua,
R. libera nos, Domine.
A subitanea et improvisa morte,
R. libera nos, Domine.
Ab insidiis diaboli,
R. libera nos, Domine.
Ab ira et odio et omni mala voluntate,
R. libera nos, Domine
A spiritu fornicationis,
R. libera nos, Domine
A fulgure et tempestate,
R. libera nos, Domine
A flagello terraemotus,
R. libera nos, Domine. .
A peste, fame et bello,
R. libera nos, Domine
A morte perpetua,
R. libera nos, Domine.
Per mysterium sanctae Incarnationis tuae,
R. libera nos, Domine.
Per adventum tuum,
R. libera nos, Domine.
Per nativitatem tuam,
R. libera nos, Domine. .
Per baptismum et sanctum ieiunium tuum,
R. libera nos, Domine.
Per crucem et passionem tuam,
R. libera nos, Domine.
Per mortem et sepulturam tuam,
R. libera nos, Domine
Per sanctam resurrectionem tuam,
R. libera nos, Domine.
Per admirabilem ascensionem tuam,
R. libera nos, Domine.
Per adventum Spiritus Sancti Paracliti,
R. libera nos, Domine.
In die iudicii,

R. libera nos, Domine.

IV SUPPLICATIO PRO VARIIS NECESSITATIBUS

Peccatores,
R. te rogamus, audi nos.
Ut nobis parcas,
R. te rogamus, audi nos.
Ut nobis indulgeas,
R. te rogamus, audi nos.
Ut ad veram paenitentiam nos perducere digneris,
R. te rogamus, audi nos.
Ut Ecclesiam tuam sanctam regere et conservare digneris,
R. te rogamus, audi nos. .
Ut domum Apostolicum et omnes ecclesiasticos ordines in
sancta religione conservare digneris,
R. te rogamus, audi nos.
Ut inimicos sanctae Ecclesiae humiliare digneris,
R. te rogamus, audi nos.
Ut regibus et principibus christianis pacem et veram
concordiam donare digneris,
R. te rogamus, audi nos.
Ut cuncto populo christiano pacem et unitatem largiri digneris,
R. te rogamus, audi nos. .
Ut omnes errantes ad unitatem Ecclesiae revocare, et infideles
universos ad Evangelii lumen perducere digneris,
R. te rogamus, audi nos. .
Ut nosmetipsos in tuo sancto servitio confortare et conservare
digneris,
R. te rogamus, audi nos.
Ut mentes nostras ad caelestia desideria erigas,
R. te rogamus, audi nos. .
Ut omnibus benefactoribus nostris sempiterna bona retribuas,
R. te rogamus, audi nos. .
Ut animas nostras, fratrum, propinquorum et benefactorum
nostrorum ab aeterna damnatione :eripias,
R. te rogamus, audi nos. .
Ut fructus terrae dare et conservare digneris,

R. te rogamus, audi nos. .
Ut omnibus fidelibus defunctis requiem aeternam donare
digneris,
R. te rogamus, audi nos. .
Ut nos exaudire digneris,
R. te rogamus, audi nos.

CONCLUSIO

Fili Dei,
R. te rogamus, audi nos. .
Agnus Dei, qui tollis peccata mundi,
R. parce nobis, Domine.
Agnus Dei, qui tollis peccata mundi,
R. exaudi nos, Domine. .
Agnus Dei, qui tollis peccata mundi,
R. miserere nobis.
Christe,
R. audi nos.
Christe,
R. exaudi nos. .
Kyrie, eleison.
R. Kyrie, eleison. Kyrie, eleison.
R. Kyrie, eleison.
Christe, eleison.
R. Christe, eleison. Christe, eleison.
R. Christe, eleison.
Kyrie, eleison.
R. Kyrie, eleison. Kyrie, eleison.
R. Kyrie, eleison.

Pater noster (silentio)
Et ne nos inducas in tentationem.
R. Sed libera nos a malo.

Psalmus LXIX

V. Deus, in adiutorium meum intende:

R. Domine ad adiuvandum me festina.
V. Confundantur, et revereantur,
R. qui quaerunt animam meam.
V. Avertantur retrorsum, et erubescant,
R. qui volunt mihi mala
V. Avertantur statim erubescentes,
R. qui dicunt mihi: Euge, euge. .
V. Exultent et laetentur in te,
R. omnes qui quaerunt te: .
V. Et dicant semper: Magnificetur Dominus:
R. qui diligunt salutare tuum .
V. Ego vero egenus et pauper sum:
R. Deus adiuva me
V. Adiutor meus et liberator meus es tu:
R. Domine, ne moreris.

Gloria Patri, et Filio, et Spiritui Sancto. Sicut erat in principio, et nunc, et semper, et in saecula saeculorum. Amen.

V. Salvos fac servos tuos.
R. Deus meus, sperantes in te. V
V. Esto nobis, Domine, turris fortitudinis.
R. A facie inimici. .
V. Nihil proficiat inimicus in nobis.
R. Et filius iniquitatis non apponat nocere nobis.
V. Domine, non secundum peccata nostra facias nobis.
R. Neque secundum iniquitates nostras retribuas nobis.

V. Oremus pro Pontifice nostro N.
R. Dominus conservet eum, et vivificet eum, et beatum faciat eum in terra, et non tradat eum in animam inimicorum eius.

V. Oremus pro benefactoribus nostris.
R. Retribuere dignare, Domine, omnibus nobis bona facientibus propter nomen tuum, vitam aeternam. Amen. V.

V. Oremus pro fidelibus defunctis.
R. Requiem aeternam dona eis, Domine, et lux perpetua luceat

eis.

V. Requiescant in pace.

R. Amen.

V. Pro fratribus nostris absentibus.

R. Salvos fac servos tuos, Deus meus, sperantes in te.

V. Mitte eis, Domine, auxilium de sancto.

R. Et de Sion tuere eos.

V. Domine, exaudi orationem meam.

R. Et clamor meus ad te veniat.

V. Dominus vobiscum.

R. Et cum spiritu tuo.

Collecta

Oremus:

Deus, cui proprium est misereri semper et parcere: suscipe deprecationem nostram; ut nos, et omnes famulos tuos, quos delictorum catena constringit, miseratio tuae pietatis clementer absolvat

Exaudi, quaesumus, Domine, supplicum preces, et confitentium tibi parce peccatis: ut pariter nobis indulgentiam tribuas benignus et pacem.

Ineffabilem nobis, Domine, misericordiam tuam clementer ostende: ut simul nos et a peccatis omnibus exuas, et a poenis quas pro his meremur, eripias.

Deus, qui culpa offenderis, paenitentia placaris: preces populi tui supplicantis propitius respice; et flagella tuae iracundiae, quae pro peccatis nostris meremur, averte.

Omnipotens sempiterne Deus, miserere famulo tuo Pontifici nostro N., et dirige eum secundum tuam clementiam in viam salutis aeternae: ut, te donante, tibi placita cupiat, et tota virtute perficiat.

Deus, a quo sancta desideria, recta consilia, et iusta sunt opera:

da servis tuis illam, quam mundus dare non potest, pacem; ut et corda nostra mandatis tuis dedita, et, hostium sublata formidine, tempora sint tua protectione tranquilla.

Ure igne Sancti Spiritus renes nostros et cor nostrum, Domine: ut tibi casto corpore serviamus, et mundo corde placeamus.

Fidelium, Deus omnium Conditor et Redemptor, animabus famulorum famularumque tuarum remissionem cunctorum tribue peccatorum: ut indulgentiam, quam semper optaverunt, piis supplicationibus consequantur

Actiones nostras, quaesumus, Domine, aspirando praeveni et adiuvando prosequere: ut cuncta oratio et operatio a te semper incipiat et per te coepta finiatur.

Omnipotens sempiterne Deus, qui vivorum dominaris simul et mortuorum, omniumque misereris, quos tuos fide et opere futuros esse praenoscis: te supplices exoramus;

ut pro quibus effundere preces decrevimus, quosque vel praesens saeculum adhuc in carne retinet vel futurum iam exutos corpore suscepit, intercedentibus omnibus Sanctis tuis, pietatis tuae clementia, omnium delictorum suorum veniam consequantur.

Per Dominum nostrum Iesum Christum.

V. Dominus vobiscum.
R. Et cum spiritu tuo.
V. Exaudiat nos omnipotens et misericors Dominus.
R. Amen.
V. Et fidelium animae per misericordiam Dei requiescant in pace.
R. Amen.

MAGNIFICAT

Magnificat anima mea Dominum,
et exsultavit spiritus meus
in Deo, salutari meo,
quia respexit humilitatem
ancillae suae.
Ecce enim ex hoc beatam
me dicent omnes generationes,
quia fecit mihi magna,
qui potens est,
et sanctum nomen eius,
et misericordia eius in progenies
et progenies timentibus eum.
Fecit potentiam in brachio suo,
dispersit superbos mente cordis sui;
deposuit potentes de sede
et exaltavit humiles;
esurientes implevit bonis
et divites dimisit inanes.
Suscepit Israel puerum suum,
recordatus misericordiae suæ,
sicut locutus est ad patres nostros,
Abraham et semini eius in sæcula.

Gloria Patri et Filio
et Spiritui Sancto.
Sicut erat in principio,
et nunc et semper,
et in sæcula sæculorum.
Amen.

MARIA, MATER GRATIAE

Maria, mater gratiae, mater misericordiae, tu me ab hoste protege, et mortis hora suscipe.

MEMORARE

Memorare, o piissima Virgo Maria, non esse auditum a sæculo, quemquam ad tua currentem præsidia, tua implorantem auxilia, tua petentem suffragia, esse derelictum. Ego tali animatus confidentia, ad te, Virgo Virginum, Mater, curro, ad te venio, coram te gemens peccator assisto. Noli, Mater Verbi, verba mea despicere; sed audi propitia et exaudi. Amen.

NUNC DIMITTIS

Nunc dimittis, servum tuum, Domine, secundum verbum tuum in pace.
Quia viderunt oculi mei salutare tuum, quod parasti ante faciem omnium populorum.
Lumen ad revelationem gentium et gloria plebis tuae Israel.

ORAMUS TE, DOMINE

Oramus te, Domine, per merita Sanctorum tuorum, quorum reliquiæ hic sunt, et omnium Sanctorum: ut indulgere digneris omnia peccata mea. Amen.

ORATIO AD SANCTUM IOSEPHUM

Ad te, beate Ioseph, in tribulatione nostra confugimus, atque, implorato sponsae tuae sanctissimae auxilio, patrocinium quoque tuum fidenter exposcimus. Per eam, quaesumus, quae te cum immaculata Virgine Dei genetrice coniunxit caritatem, perque paternum, quo puerum Iesum amplexus es, amorem, supplices deprecamur ut ad hereditatem quam Iesus Christus acquisivit sanguine suo benignius respicias, ac necessitatibus nostris tua virtute et ope succurras. Tuere, o custos providentissime divinae familiae, Iesu Christi sobolem electam; prohibe a nobis, amantissime pater, omnem errorum ac corruptelarum luem; propitius nobis, sospitator noster fortissime, in hoc cum potestate tenebrarum certamine e caelo adesto; et, sicut olim puerum Iesum e summo eripuisti vitae discrimine, ita nunc Ecclesiam sanctam Dei ab hostilibus insidiis atque ab omni adversitate defende; nosque singulos perpetuo tege patrocinio, ut, ad tui exemplar et ope tua suffulti, sancte vivere, pie emori, sempiternamque in caelis beatitudinem assequi possimus.

Amen.

ORATIO AD SANCTUM IOSEPHUM ALIA, AD CASTITATIS GRATIAM IMPETRANDAM

Virginum custos et pater,
sancte Ioseph,
cuius fideli custodiae
ipsa innocentia Christus Iesus
et Virgo virginum Maria
commissa fuit,
te
per hoc utrunque carissimum pignus,
Iesum et Mariam,
obsecro et obtestor
ut me,
ab omni immunditia praeservatum,
mente incontaminata,
puro corde
et casto corpore
Iesu et Mariae
semper facias
castissime
famulari.

ORATIO AD SANCTUM MICHAEL

Sancte Michaël Archangele, defende nos in proelio;
contra nequitiam et insidias diaboli esto praesidium.
Imperet illi Deus, supplices deprecamur:
tuque, Princeps militiae caelestis,
Satanam aliosque spiritus malignos,
qui ad perditionem animarum pervagantur in mundo,
divina virtute in infernum detrude.

Amen.

ORATIO FATIMAE

Domine Iesu,
dimitte nobis debita nostra,
salva nos ab igne inferiori,
perduc in caelum omnes animas,
praesertim eas,
quae misericordiae tuae maxime indigent.

ORATIO RHYTHMICA

Ad pedes

Salve, mundi salutare:
salve, salve, Jesu chare,
cruci tuae me aptare
vellem vere, tu scis quare
da mihi tui copiam.
ac si praesens sis accedo,
imo te praesentem credo.
o quam mundum hic te cerno!
ecce tibi me prosterno:
sis facilis ad veniam.

Clavos pedum, plagas duras.
et tam graves impressuras
circumplector cum affectu,
tuo pavens in aspectu,
tuorum memor vulnerum.
grates tantae charitati,
nos agamus vulnerati.
o amator peccatorum,
reparator confractorum:
o dulcis pater pauperum!

Quidquid est in me confractum
dissipatum, aut distractum,
dulcis Jesu, totum sana,
tu restaura, tu complana,
tam pio medicamine.
te in tua cruce quaero,
prout queo, corde mero;
me sanabis hic, ut spero:
sana me, et salvus ero,

in tuo lavans sanguine,

Plagas tuas rubicundas,
et fixuras tam profundas,
cordi meo fac inscribi,
ut configar totus tibi,
te modis amans omnibus.
dulcis Jesu, pie Deus,
ad te clamo licet reus:
praebe mihi te benignum,
ne repellas me indignum
de tuis sanctis pedibus

Coram cruce procumbentem,
hosque pedes complectentem,
Jesu bone, non me spernas,
sed de cruce sancta cernas
compassionis gratia.
in hac cruce stans directe,
vide me, o mi dilecte,
ad te totum me converte:
esto sanus, dic aperte,
dimitto tibi omnia.

Ad genua

Salve, Jesu, rex sanctorum,
spes votiva peccatorum,
crucis ligno tanquam reus
pendens homo verus Deus,
caducis nutans genibus.
o quam paupcr! o quam nudus!
qualis es in cruce ludus
derisorum totus factus,
sponte tamen, non coactus,
attritus membris omnibus!

Sanguis tuus abundanter

fusus, fluit incessanter,
totus lotus in cruore,
stas in maximo dolore,
praecinctus vili tegmine.
o majestas infinita!
o egestas inaudita!
quis pro tanta charitate,
quaerit te in veritate,
dans sanguinem pro sanguine?

Quid sum tibi responsurus,
actu vilis, corde durus?
quid rependam amatori,
qui elegit pro me mori,
ne dupla morte morerer?
amor tuus amor fortis,
quem non vincunt jura mortis:
o quam pia me sub cura,
tua foves in pressura,
ne morsu mortis vulnerer!

Ecce tuo prae amore,
te complector cum rubore:
me coapta diligenter,
tu scis causam evidenter,
sed suffer et dissimula.
hoc quod ago non te gravet,
sed me sanet et me lavet
inquinatum et aegrotum,
sanguis fluens hic per totum,
ut non supersit macula.

In hac cruce te cruentum,
te contemptum et distentum,
ut requiram, me impelle,
et hoc imple meum velle,
facturus quod desidero.
ut te quaeram mente pura,

sit haec mea prima cura.
non est labor, nec gravabor
sed sanabor et mundabor,
cum te complexus fuero.

Ad manus

Salve, Jesu, pastor bone,
fatigatus in agone,
qui per lignum es distractus,
et ad lignum es compactus,
expansis sanctis manibus.
manus sanctae, vos avete,
rosis novis adimplete,
hos ad ramos dure junctae,
et crudeli ferro punctae
tot guttis decurrentibus

Ecce fluit circumquaque
manu tua de utraque,
sanguis tuus copiose,
rubicundus instar rosae,
magnae salutis pretium.
manus clavis perforatas,
et cruore purpuratas.
corde primo prae amore,
sitibundo bibens ore,
cruoris stillicidium.

quam large te exponis
promptus malis atque bonis!
trahis pigros, pios vocas,
et in tuis ulnis locas,
paratus gratis omnibus.
ecce tibi me praesento,
vulnerato et cruento:
semper aegris misereris;
de me ergo ne graveris

qui praesto es amantibus,

In hac cruce sic intensus,
in te meos trahe sensus,
meum posse, velle, scire,
cruci tuae fac servire,
me tuis apta brachiis.
in tam lata charitate
trahe me in veritate,
propter crucem tuam almam,
trahe me ad crucis palmam,
dans finem meis vitiis.

Manus sanctae, vos amplector,
et gemendo condelector;
grates ago plagis tantis,
clavis duris, guttis sanctis,
dans lacrymas cum osculis
in cruore tuo lotum,
me commendo tibi totum:
tuae sanctae manus istae
me defendant, Jesu Christe,
extremis in periculis.

Ad latus

Salve, Jesu, summe bonus
ad parcendum nimis pronus:
membra tua macilenta
quam acerbe sunt distenta
in ramo crucis torrida!
salve, latus salvatoris,
in quo latet mel dulcoris,
in quo patet vis amoris
ex quo scatet fons cruoris,
qui corda lavat sordida.

Ecce tibi appropinquo,

parce, Jesu, si delinquo:
verecunda quidem fronte,
ad te tamen veni sponte,
scrutari tua vulnera.
salve, mitis apertura,
de qua manat vena pura,
porta patens et profunda
super rosam rubicunda
medela salutifera.

Odor tuus super vinum,
virus pellens serpentinum;
potus tuus, potus vitae:
qui sititis, huc venite,
tu dulce vulnus aperi.
plaga rubens, aperire.
fac cor meum te sentire,
sine me in te transire,
vellem totus introire;
pulsanti pande pauperi.

Ore meo te contingo,
et ardenter ad me stringo:
in te meum cor intingo,
et ferventi corde lingo;
me totum in te trajice.
o quam dulcis sapor iste!
qui te gustat, Jesu Christe,
tuo victus a dulcore,
mori posset prae amore,
te unum amans unice.

In hac fossa me reconde,
infer meum cor profunde,
ubi latens incalescat,
et in pace conquiescat,
nec prorsus quemquam timeat
hora mortis meus flatus

intret, Jesu, tuum latus,
hinc exspirans in te vadat;
ne hunc leo trux invadat,
sed apud te permaneat.

Ad pectus

Salve, salus mea Deus,
Jesu dulcis amor meus:
salve, pectus reverendum,
cum tremore contingendum
amoris domicilium.
ave, thronus trinitatis,
arca latae charitatis,
firmamentum infirmatis,
pax et pausa fatigatis,
humilium triclinium.

Salve, Jesu reverende,
digne semper inquirende;
me praesentem hic attende,
accedentem me succende,
praecordiali gratia.
pectus mihi confer mundum,
ardens, pium, gemebundum,
voluntatem abnegatam,
tibi semper conformatam,
juncta virtutum copia.

Jesu dulcis, pastor pie,
fili Dei et Mariae,
largo fonte tui cordis,
foeditatem meae sordis,
benigne pater, dilue.
ave, splendor et figura
summi Dei genitura,
de thesauris tuis plenis
desolatis et egenis

munus clementer perflue.

Dulcis Jesu Christi pectus,
tuo fiam dono rectus,
absolutus a peccatis,
ardens igne charitatis
ut semper te recogitem.
tu abyssus es sophiae,
angelorum harmoniae
te collaudant, ex te fluxit
quod Joannes cubans suxit:
in te fac ut inhabitem.

Ave, fons benignitatis,
plenitudo deitatis
corporalis in te manet:
vanitatem in me sanet
quod tu confers consilium.
ave, verum templum Dei;
precor, miserere mei:
tu totius arca boni,
fac electis me apponi,
vas dives, Deus omnium.

Ad cor

Summi regis cor, aveto,
te saluto corde laeto,
te complecti me delectat,
et hoc meum cor affectat,
ut ad te loquar, animes.
quo amore vincebaris,
quo dolore torquebaris,
cum te totum exhaurires,
ut te nobis impartires,
et nos a morte tolleres?

O mors illa quam amara,

quam immitis, quam avara;
quae per cellam introivit,
in qua mundi vita vivit,
te mordens, cor dulcissimum!
propter mortem quam tulisti
quando pro me defecisti,
cordis mei cor dilectum,
in te meum fer affectum,
hoc est quod opto plurimum.

O cor dulce praedilectum,
munda cor meum illectum,
et in vanis induratum;
pium fac et timoratum,
repulso tetro frigore.
per medullam cordis mei,
peccatoris atque rei,
tuus amor transferatur,
quo cor totum rapiatur
languens amoris vulnere.

Dilatare, aperire,
tanquam rosa fragrans mire,
cordi meo te conjunge,
unge illud et compunge;
qui amat te, quid patitur?
quidnam agat nescit vere,
nec se valet cohibere,
nullum modum dat amori,
multa morte vellet mori,
amore quisquis vincitur.

Viva cordis voce clamo,
dulce cor; te namque amo:
ad cor meum inclinare,
ut se possit applicare,
devoto tibi pectore.
tuo vivat in amore

ne dormitet in torpore,
ad te oret, ad te ploret
te adoret, te honoret,
te fruens omni tempore.

Rosa cordis, aperire,
cujus odor fragrat mire,
te dignare dilatare,
fac cor meum anhelare
flamma desiderii.
da cor cordi sociari,
tecum, Jesu, vulnerari.
nam cor cordi similatur,
si cor meum perforatur
sagittis improperii.

Infer tuum intra sinum
cor ut tibi sit vicinum,
in dolore gaudioso
cum deformi specioso,
quod vix se ipsum capiat
hic repauset, hic moretur,
ecce jam post te movetur,
te ardenter vult sitire.
Jesu, noli contraire,
ut bene de te sentiat.

Ad faciem

Salve, caput cruentatum,
totum spinis coronatum,
conquassatum, vulneratum,
arundine verberatum,
facie sputis illita.
salve, cujus dulcis vultus,
immutatus et incultus,
immutavit suum florem,
totus versus in pallorem

quem [...] coeli curia.

Omnis vigor atque viror
hinc recessit, non admiror,
mors apparet in aspectu
totus pendens in defectu,
attritus aegra macie.
sic affectus, sic despectus,
propter me sic interfectus,
peccatori tam indigno
cum amoris intersigno
appare clara facie.

In hac tua passione,
me agnosce, pastor bone,
cujus sumpsi mel ex ore,
haustum lactis cum dulcore,
prae omnibus deliciis.
non me reum asperneris,
nec indignum dedigneris,
morte tibi jam vicina,
tuum caput hic inclina,
in meis pausa brachiis.

Tuae sanctae passioni
me gauderem interponi,
in hac cruce tecum mori:
praesta crucis amatori,
sub cruce tua moriar.
morti tuae tam amarae
grates ago, Jesu chare;
qui es clemens, pie Deus,
fac quod petit tuus reus,
ut absque te non finiar.

Dum me mori est necesse,
noli mihi tunc deesse;
in tremenda mortis hora

veni, Jesu, absque mora,
tuere me et libera.
cum me jubes emigrare,
Jesu chare, tunc appare:
o amator amplectende,
temetipsum tunc ostende
in cruce salutifera.

ORDINARIUM MISSAE

Kyrie

Kyrie eleison
Christe eleison
Kyrie eleison

Gloria

Gloria in excelsis Deo
Et in terra pax hominibus bonae voluntatis.
Laudamus te, benedicimus te, adoramus te, glorificamus te.
Gratias agimus tibi propter magnam gloriam tuam.
Domine Deus, Rex coelestis, Deus Pater omnipotens.
Domine Fili unigenite, Jesu Christe.
Domine Deus, Agnus Dei, Filius Patris.
Qui tollis peccata mundi, miserere nobis.
Qui tollis peccata mundi, suscipe deprecationem nostram.
Qui sedes ad dextram Patris, miserere nobis.
Quoniam tu solus Sanctus, tu solus Dominus, tu solus Altissimus
Jesu Christe.
Cum Sancto Spiritu in gloria Dei Patris, amen.

Credo

Credo in unum Deum.
Patrem omnipotentem, factorem coeli et terrae, visibilium et
invisibilium.
Et in unum Dominum Jesum Christum, Filium Dei unigenitum et
ex Patre natum ante omnia saecula.
Deum de Deo, lumen de lumine.
Deum verum de Deo vero, genitum non factum,
consubstantialem Patri, per quem omnia facta sunt.
Qui propter nos homines et propter nostram salutem descendit

de coelis.

Et incarnatus est de Spiritu Sancto ex Maria Virgine et homo factus est.

Crucifixus etiam pro nobis sub Pontio Pilato, passus et sepultus est.

Et resurrexit tertia die secundum scipturas et ascendit in coelum, sedet ad dexteram Dei Patris.

Et iterum venturus est cum gloria judicare vivos et mortuos, cujus regni non erit finis.

Et in Spiritum Sanctum Dominum et vivificantem, qui ex Patre Filioque procedit, qui cum Patre et Filio simul adoratur et conglorificatur, qui locutus est per Prophetas.

Et unam sanctam catholicam et apostolicam Ecclesiam.

Confiteor unum baptisma in remissionem peccatorum.

Et expecto resurrectionem mortuorum et vitam venturi saeculi, amen.

Sanctus et Benedictus

Sanctus, sanctus, sanctus Dominus Deus Sabaoth.
Pleni sunt coeli et terra gloria tua.
Osanna in excelsis.
Benedictus qui venit in nomine Domini.
Osanna in excelsis.

Agnus Dei

Agnus Dei qui tollis peccata mundi, miserere nobis.
Agnus Dei qui tollis peccata mundi, miserere nobis.
Agnus Dei qui tollis peccata mundi, dona nobis pacem.

OREMUS PRO PONTIFICE

Oremus pro pontifice nostro Benedicto.
Dominus conservet eum,
et vivificet eum,
et beatum faciat eum in terra,
et non tradat eum in animam inimicorum eius.

PANGE LINGUA

Pange, lingua, gloriosi
corporis mysterium,
sanguinisque pretiosi,
quem in mundi pretium
fructus ventris generosi
rex effudit gentium.

Nobis datus, nobis natus
ex intacta Virgine,
et in mundo conversatus,
sparso verbi semine,
sui moras incolatus
miro clausit ordine.

In supremae nocte coenae
recumbens cum fratribus,
observata lege plene
cibis in legalibus,
cibum turbae duodenae
se dat suis manibus.

Verbum caro panem verum
verbo carnem efficit,
fitque sanguis Christi merum;
et si sensus deficit,
ad firmandum cor sincerum
sola fides sufficit.

Tantum ergo sacramentum
veneremur cernui,
et antiquum documentum
novo cedat ritui,
praestet fides supplementum

sensuum defectui.

Genitori Genitoque,
laus et iubilatio,
salus, honor, virtus quoque
sit et benedictio.
Procedenti ab utroque
compar sit laudatio.

Amen.

PANGE LINGUA GLORIOSI PROELIUM CERTAMINIS

Pange, lingua, gloriosi proelium certaminis
et super crucis trophaeo dic triumphum nobilem,
qualiter redemptor orbis immolatus vicerit.

De parentis protoplasti fraude factor condolens,
quando pomi noxialis morte morsu corruit,
ipse lignum tunc notavit, damna ligni ut solveret.

Hoc opus nostrae salutis ordo depoposcerat,
multiformis perditoris arte ut artem falleret
et medelam ferret inde, hostis unde laeserat.

Quando venit ergo sacri plenitudo temporis,
missus est ab arce patris natus orbis conditor
atque ventre virginali carne factus prodiit.

Vagit infans inter arta conditus praesaepia,
membra pannis involuta virgo mater adligat,
et pedes manusque crura stricta pingit fascia.

Lustra sex qui iam peracta tempus implens corporis,
se volente, natus ad hoc, passioni deditus,
agnus in crucis levatur immolandus stipite.

Hic acetum, fel, arundo, sputa, clavi, lancea;
mite corpus perforatur; sanguis, unda profluit,
terra pontus astra mundus quo lavantur flumine.

Crux fidelis, inter omnes arbor una nobilis,
nulla talem silva profert flore, fronde, germine,
dulce lignum dulce clavo dulce pondus sustinens.

Flecte ramos, arbor alta, tensa laxa viscera,

et rigor lentescat ille quem dedit nativitas,
ut superni membra regis mite tendas stipite.

Sola digna tu fuisti ferre pretium saeculi
atque portum praeparare nauta mundo naufrago,
quem sacer cruor perunxit fusus agni corpore.

PATER NOSTER

Pater noster, qui es in cælis:
sanctificetur Nomen Tuum;
adveniat Regnum Tuum;
fiat voluntas Tua,
sicut in cælo et in terra.
Panem nostrum cotidianum da nobis hodie;
et dimitte nobis debita nostra,
sicut et nos dimittimus debitoribus nostris;
et ne nos inducas in tentationem;
sed libera nos a malo.

REGINA CAELI

Regina cæli lætare,
alleluia.
Quia quem meruisti portare,
alleluia.
Resurrexit, sicut dixit,
alleluia.
Ora pro nobis Deum,
alleluia.
Gaude et lætare, Virgo Maria,
alleluia.
Quia surrexit Dominus vere,
alleluia.

Oremus.
Deus, qui per resurrectionem Filii tui Domini nostri Iesu Christi mundum lætificare dignatus es, præsta, quæsumus, ut per eius Genetricem Virginem Mariam perpetuæ capiamus gaudia vitæ. Per Christum Dominum nostrum. Amen.

REQUIEM AETERNAM

Requiem æternam dona eis, Domine,
et lux perpetua luceat eis.
Requiescant in pace. Amen.

SALVE REGINA

Salve, Regina,
Mater misericordiæ
vita, dulcedo et spes nostra, salve.
Ad te clamamus,
exsules filii Evæ,
Ad te suspiramus gementes et flentes
in hac lacrimarum valle.
Eia ergo, advocata nostra,
illos tuos misericordes oculos
ad nos converte.
Et Iesum, benedictum fructum
ventris tui,
nobis, post hoc exsilium ostende.
O clemens, o pia, o dulcis Virgo Maria.

SANCTA MARIA, SUCCURRE MISERIS

Sancta Maria, succurre miseris, iuva pusillanimes, refove flebiles, ora pro populo, interveni pro clero, intercede pro devoto femineo sexu; sentiant omnes tuum iuvamen quicunque celebrant tuam sanctam commemorationem.

SANCTI APOSTOLI PETRE ET PAULE

Sancti apostoli Petre et Paule, intercedite pro nobis.
Protege, Domine, populum tuum,
et, apostolorum tuorum Petri et Pauli patrocinio confidentem,
perpetua defensione conserva.
Per Christum Dominum nostrum.
Amen.

SIGNUM CRUCIS

In nomine Patris
et Filii
et Spiritus Sancti. Amen

SUB TUUM PRAESIDIUM

Sub tuum præsidium confugimus,
sancta Dei Genetrix;
nostras deprecationes ne despicias
in necessitatibus;
sed a periculis cunctis
libera nos semper,
Virgo gloriosa et benedicta.

SYMBOLUM APOSTOLICUM

Credo in Deum Patrem omnipotentem, Creatorem cæli et terræ,
et in Iesum Christum, Filium Eius unicum, Dominum nostrum,
qui conceptus est de Spiritu Sancto, natus ex Maria Virgine,
passus sub Pontio Pilato, crucifixus, mortuus, et sepultus,
descendit ad inferos, tertia die resurrexit a mortuis, ascendit ad
cælos, sedet ad dexteram Dei Patris omnipotentis, inde
venturus est iudicare vivos et mortuos.

Et in Spiritum Sanctum,
sanctam Ecclesiam catholicam,
sanctorum communionem,
remissionem peccatorum,
carnis resurrectionem,
vitam æternam.

Amen.

SYMBOLUM NICÆNUM COSTANTINOPOLITANUM

Credo in unum Deum,
Patrem omnipotentem,
Factorem cæli et terræ,
visibilium omnium et invisibilium
Et in unum Dominum Iesum
Christum,
Filium Dei unigenitum
et ex Patre natum
ante omnia sæcula:
Deum de Deo, Lumen de Lumine,
Deum verum de Deo vero,
genitum, non factum, consubstantialem Patri: per quem omnia
facta sunt;
qui propter nos homines
et propter nostram salutem,
descendit de cælis, et incarnatus est
de Spiritu Sancto ex Maria Virgine
et homo factus est, crucifixus etiam
pro nobis sub Pontio Pilato, passus
et sepultus est, et resurrexit tertia
die secundum Scripturas,
et ascendit in cælum, sedet ad
dexteram Patris, et iterum venturus
est cum gloria, iudicare vivos et
mortuos, cuius regni non erit finis.

Credo in Spiritum Sanctum, Dominum et vivificantem, qui ex
Patre
Filioque procedit, qui cum Patre et
Filio simul adoratur et conglorificatur, qui locutus est per
prophetas.

Et unam sanctam catholicam

et apostolicam Ecclesiam.

Confiteor unum Baptisma
in remissionem peccatorum.
Et exspecto resurrectionem mortuorum,
et vitam venturi sæculi.

Amen.

TANTUM ERGO

Tantum ergo sacramentum veneremur cernui,
et antiquum documentum novo cedat ritui,
praestet fides supplementum sensuum defectui.

Genitori Genitoque, laus et jubilatio,
salus, honor, virtus quoque sit et benedictio.
Procedenti ab utroque compar sit laudatio.

Amen.

Te Deum laudamus:
te Dominum confitemur.
Te æternum Patrem,
omnis terra veneratur.
Tibi omnes angeli,
tibi cæli
et universæ potestates:
tibi cherubim et seraphim
incessabili voce proclamant:
Sanctus, Sanctus, Sanctus,
Dominus Deus Sabaoth.
Pleni sunt cæli et terra
maiestatis gloriæ tuæ.
Te gloriosus
apostolorum chorus,
te prophetarum
laudabilis numerus,
te martyrum candidatus
laudat exercitus.
Te per orbem terrarum
sancta confitetur Ecclesia,
Patrem immensæ maiestatis;
venerandum tuum verum
et unicum Filium;
Sanctum quoque
Paraclitum Spiritum.
Tu rex gloriæ, Christe.
Tu Patris sempiternus es Filius.
Tu, ad liberandum suscepturus hominem,
non horruisti Virginis uterum.
Tu, devicto mortis aculeo,
aperuisti credentibus regna cælorum.
Tu ad dexteram Dei sedes,

in gloria Patris.
Iudex crederis esse venturus.
Te ergo quæsumus,
tuis famulis subveni,
quos pretioso sanguine redemisti.
Æterna fac cum sanctis tuis
in gloria numerari.
Salvum fac populum tuum, Domine,
et benedic hereditati tuæ.
Et rege eos, et extolle illos
usque in æternum.
Per singulos dies benedicimus te;
et laudamus nomen tuum
in sæculum, et in sæculum sæculi.
Dignare, Domine,
die isto sine peccato nos custodire.
Miserere nostri, Domine, miserere nostri.
Fiat misericordia tua,
Domine, super nos,
quemadmodum speravimus in te.
In te, Domine, speravi:
non confundar in æternum.

VENI, CREATOR SPIRITUS

Veni, creator Spiritus,
mentes tuorum visita,
imple superna gratia,
quæ tu creasti pectora.

Qui diceris Paraclitus,
altissimi donum Dei,
fons vivus, ignis, caritas,
et spiritalis unctio.

Tu septiformis munere,
digitus paternæ dexteræ,
tu rite promissum Patris,
sermone ditans guttura.

Accende lumen sensibus,
infunde amorem cordibus,
infirma nostri corporis
virtute firmans perpeti.

Hostem repellas longius
pacemque dones protinus;
ductore sic te prævio
vitemus omne noxium.

Per Te sciamus da Patrem
noscamus atque Filium,
teque utriusque Spiritum
credamus omni tempore.

Deo Patri sit gloria,
et Filio, qui a mortuis
surrexit, ac Paraclito,

in sæculorum sæcula. Amen.

Veni, Sancte Spiritus
Veni, Sancte Spiritus,
et emitte cælitus
lucis tuæ radium.

Veni, pater pauperum,
veni, dator munerum,
veni, lumen cordium.

Consolator optime,
dulcis hospes animæ,
dulce refrigerium.

In labore requies,
in æstu temperies,
in fletu solacium.

O lux beatissima,
reple cordis intima
tuorum fidelium.

Sine tuo numine,
nihil est in homine
nihil est innoxium.

Lava quod est sordidum,
riga quod est aridum,
sana quod est saucium.

Flecte quod est rigidum,
fove quod est frigidum,
rege quod est devium.

Da tuis fidelibus,
in te confidentibus,
sacrum septenarium.

Da virtutis meritum,
da salutis exitum,
da perenne gaudium.

Amen.

VERBUM SUPERNUM PRODIENS

Verbum supernum prodiens,
nec Patris linquens dexteram,
ad opus suum exiens,
venit ad vitæ vesperam.
In mortem a discipulo
suis tradendus æmulis,
prius in vitæ ferculo
se tradidit discipulis.
Quibus sub bina specie
carnem dedit et sanguinem;
Ut duplicis substantiæ
totum cibaret hominem.
Se nascens dedit socium,
convescens in edulium,
se moriens in pretium,
se regnans dat in præmium.
O salutaris hostia,
quæ cæli pandis ostium,
bella premunt hostilia;
Da robur, fer auxilium.
Uni trinoque Domino
sit sempiterna gloria:
Qui vitam sine termino
nobis donet in patria.

VEXILLA REGIS

Vexilla Regis prodeunt;
fulget Crucis mysterium,
quo carne carnis conditor
suspensus est patibulo.

Confixa clavis viscera
tendens manus, vestigia,
redemptionis gratia
hic immolata est hostia.

Quo vulneratus insuper
mucrone diro lanceae,
ut nos lavaret crimine,
manavit unda et sanguine.

Impleta sunt quae concinit
David fideli carmine,
dicendo nationibus:
regnavit a ligno Deus.

Arbor decora et fulgida,
ornata Regis purpura,
electa digno stipite
tam sancta membra tangere.

Beata, cuius brachiis
pretium pependit saeculi:
statera facta corporis,
praedam tulitque tartari.

Fundis aroma cortice,
vincis sapore nectare,
iucunda fructu fertili

plaudis triumpho nobili.

Salve, ara, salve, victima,
de passionis gloria,
qua vita mortem pertulit
et morte vitam reddidit.

O Crux ave, spes unica,
hoc Passionis tempore!
piis adauge gratiam,
reisque dele crimina.

Te, fons salutis Trinitas,
collaudet omnis spiritus:
quos per Crucis mysterium
salvas, fove per saecula.

Amen.

VICTIMAE PASCHALI LAUDES

Victimae paschali laudes
immolent Christiani.

Agnus redemit oves:
Christus innocens Patri
reconciliavit peccatores.

Mors et vita duello
conflixere mirando:
dux vitae mortuus,
regnat vivus.

Dic nobis Maria,
quid vidisti in via?
Sepulcrum Christi viventis,
et gloriam vidi resurgentis:

Angelicos testes,
sudarium, et vestes.
Surrexit Christus spes mea:
praecedet suos in Galilaeam.

Credendum est magis soli
Mariae veraci
Quam Judaeorum
Turbae fallaci.

Scimus Christum surrexisse
a mortuis vere:
Tu nobis, victor Rex, miserere.

Amen. Alleluia.

VISITA

Visita,
quaesumus, Domine,
habitationem istam,
et omnes insidias inimici
ab ea longe repelle.
Angeli tui sancti
habitent in ea,
qui nos in pace custodiant,
et benedictio tua
sit super nos semper.

Also available from JiaHu Books:

A Collection of Buddhist Chants (Pali) - 9781784350215

Bhagavad Gita (Sanskrit) – 9781909669178

Recognition of Sakuntala (Sanskrit) 9781909669192

I Ching (Chinese) – 9781909669383

Tao Te Ching (Chinese) -9781784350055

Truyện Kiều (Vietnamese) - 9781784350185

Manufactured by Amazon.ca
Bolton, ON

24334879R00069